…an der Wand,
wer ist die Schönste im ganzen Land?

## Liebe Bastelfreunde!

Einmal im Jahr herrscht große Aufregung im Elfenreich, denn jedes Jahr findet ein Schönheitswettbewerb statt. Eifrig werden die Spiegel blank geputzt, das Geld erneuert und die Fühler poliert. Doch das Beste an diesem Wettbewerb ist, dass es nur Sieger gibt, denn Elfen können mit dem Herzen sehen.
Und wenn man das kann, findet man Schönheit überall.

In diesem Sinn

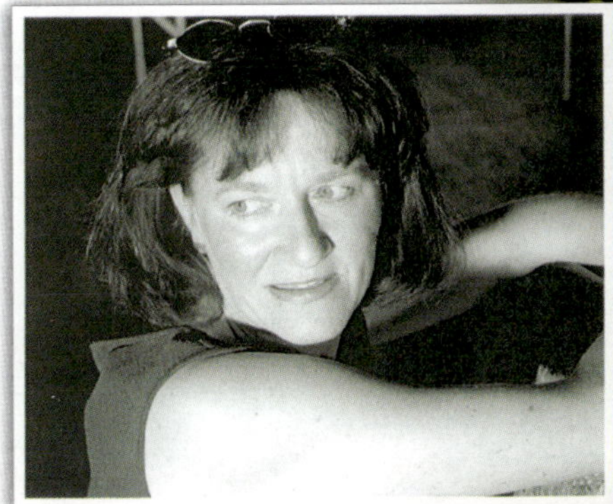

Du bist

Schönste

# Tipps & Tricks

Größe: Elfen ca. 5cm.
Die Größe der Spiegelrahmen richtet sich nach den Acrylspiegeln.

Material: Als Modelliermasse habe ich Fimo-Soft und Fimo-Classic verwendet. Beide Sorten lassen sich gut miteinander verarbeiten.

Verarbeitung der Modelliermasse: Die Modelliermasse wird nach dem Formen im Ofen gebacken. Richten Sie sich nach den Herstellerangaben auf der Packung. Die Backzeit selbst richtet sich nach der Größe und Dicke der Figur. Am besten ist es, Sie probieren es aus. Beachten Sie aber den Warnhinweis auf der Packung.

Vor dem Backen werden Draht, Zahnstocher, Stifte, Stäbe usw. in die Masse gesteckt. Nach dem Backen kann die Figur bemalt und gelackt werden. Damit die Masse nicht austrocknet, bewahren Sie den Rest luftdicht auf.

Werkzeug: Marmorplatte, Messer, Zahnstocher, Kugelschreiber ohne Mine, Drahtschere, evtl. Farbe und Pinsel Nr.2, Klarlack

## Wie man einen Spiegel herstellt:

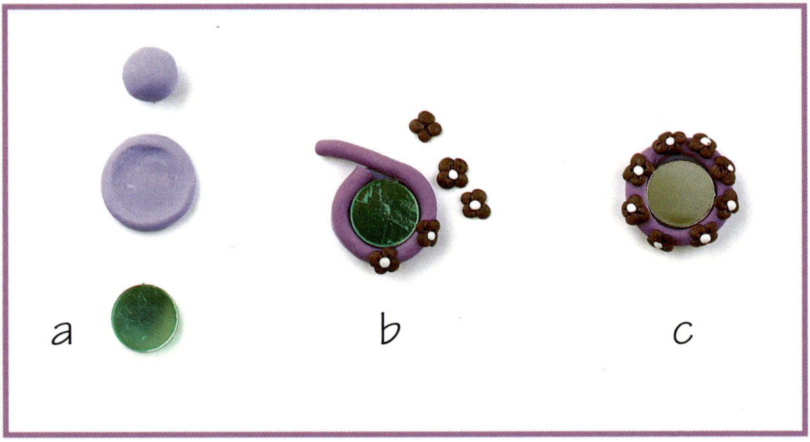

Wähle einen kleinen Spiegel aus (a)

Forme aus Fimo eine Unterlage für den Spiegel (a)

Modelliere um den Spiegel einen Rahmen (b)

Verziere den Rahmen (b)

Nimm den Spiegel **VOR** dem Backen von der Fimounterlage.

Backe Deine Fimoform nach Anleitung
(siehe. Verarbeitung von Modelliermasse)

**NACH** dem Backen klebe den Spiegel auf den Fimountergrund (c)

## Wie modelliert man eine Elfe?

# Margaritenelfe

*Margaritenelfen leiten das Licht der Sonne in die Margariten*

**Fimo:** Sonnengelb 16
Creme Pfirsich 405
Weiß 0
Grün 50
Creme Zitrone 105

**Material:** Staubgefäße Weiß
Acrylspiegel Blüte ca. 3cm

# Bienenelfe

*Bienenelfen bereiten den Nektar
und die Pollen in den Blumen
für die Bienen vor*

| | |
|---|---|
| **Fimo:** | Sonnengelb 16 |
| | Creme Pfirsich 405 |
| | Cognac 76 |
| | Creme Zitrone 105 |
| | Ocker 17 |
| | Rot 5 |
| **Material:** | Staubgefäß Gold |
| | Acrylspiegel Teddy ca. 3 cm |

# Schmetterlingselfe

*Schmetterlingselfen*
*sind die Hüter des*
*Raupenkindergartens*

| | |
|---|---|
| **Fimo:** | Creme Himbeere 205<br>Creme Himbeere<br>und Weiß mischen 1:2<br>Creme Pfirsich 405<br>Creme Zitrone 105 |
| **Material:** | Staubgefäße Rosa<br>Acrylspiegel Schleife ca. 3 cm |

# Glückskäferelfe

*Glückskäferelfen polieren die*
*Flügel der Marienkäfer*

| | |
|---|---|
| **Fimo:** | Schwarz 9<br>Creme Pfirsich 405<br>Rot 2 |
| **Material:** | Wachsstaubgefäß rot<br>Acrylspiegel Herz ca. 4 cm |

# Flötenelfe

*Flötenelfen schicken
zauberhafte Melodien
in den Wind*

| | |
|---|---|
| **Fimo:** | Tropischgrün 53<br>Apfelgrün 50<br>Creme Pfirsich 405<br>Transparent 014<br>Creme Minze 505 |
| **Material:** | Staubgefäß Blau,<br>1 Zahnstocher<br>Acrylspiegel Notenzeichen ca. 3cm |

# Rosenelfe

*Rosenelfen sorgen für den Duft der Rosen*

| | |
|---|---|
| **Fimo:** | Tropischgrün 53<br>Rot 2<br>Creme Pfirsich 405<br>Creme Himbeere 205 |
| **Material:** | Staubgefäße Rot<br>Acrylspiegel Rose 3 cm |

# Elfenbabys

*Eingehüllt in zarte Blütenblätter*
*warten die kleinen darauf*
*das sie groß genug werden*
*um ihre jeweiligen Aufgaben*
*zu erfüllen....*

| | |
|---|---|
| **Fimo:** | Creme Pfirsich 405<br>Creme Himbeere 205<br>Creme Zitrone 105<br>Creme Aqua 305<br>Creme Minze 505<br>Transparent 014<br>evtl. mischen |
| **Material:** | diverse Staubgefäße |

# Meerelfe

*Durch das Spiel der*
*Meerelfen kräuseln sich*
*die Wellen*

| | |
|---|---|
| **Fimo:** | Ultramarin 33<br>Lapislazuli 303<br>Creme Pfirsich 405<br>Creme Aqua 305 |
| **Material:** | Staubgefäße Weiß,<br>Granitfarbe Sand<br>Acrylspiegel Muschel ca. 3 cm |

# Tulpenelfe

*Tulpenelfen passen auf,
dass die Tulpen nicht so schnell
nachwachsen, damit die Blütenköpfe
sich nicht beugen*

| | |
|---|---|
| Fimo: | Indischrot 24<br>Creme Pfirsich 405<br>Tropischgrün 53 |
| Material: | Staubgefäße Rot<br>Acrylspiegel Blume ca. 3cm |

# Pilzelfe

*Pilzelfen malen die weißen*
*Punkte auf die Fliegenpilze*

**Fimo:** Rot 5
Creme Pfirsich 405
Weiß 0

**Material:** Staubgefäß Rot
Acrylspiegel Kleeblatt ca. 3cm

Glück für...

# Herbstelfe

*Herbstelfen malen im Herbst
die Blätter bunt an*

| | |
|---|---|
| **Fimo:** | Blattgrün 57<br>Creme Pfirsich 405<br>Cognac 76<br>Indischrot 24 |
| **Material:** | Staubgefäße Gold<br>Acrylspiegel Blatt ca. 3 cm |

# Winterelfe

*Winterelfen achten darauf,
dass die Blumen während der
kalten Jahreszeit
in der Erde bleiben*

| | |
|---|---|
| **Fimo:** | Weiß 0<br>Transparent 014<br>Creme Pfirsich 405 |
| **Material:** | Glitzer,<br>Strukturschneefarbe,<br>Staubgefäße Weiß<br>Acrylspiegel Kristall ca. 3cm |

# Tannenelfe

*Tannenelfen spitzen die Nadeln der Tannenbäume an*

| | |
|---|---|
| **Fimo:** | Blattgrün 57<br>Creme Pfirsich 405 |
| **Material:** | Staubgefäße Gold<br>Acrylspiegel Tanne ca. 3cm |

Vielseidig Verlag

und noch mehr zum Modellieren von Eike...

**Modellieren einfach & witzig**
Lustige Figuren zum Nachmodellieren
mit ausführlicher Anleitung
ISBN 3-935467-10-9
Best.Nr. 67109

**Frühlingsgefühle**
Modellierte Frühlings- und Osterdekoration
ISBN 3-935467-16-8
Best.Nr. 67168